Sopa de

Versión de Annette Smith
Ilustraciones de Naomi C. Lewis

Érase una vez
un joven
muy pobre.
No tenía dinero
para comprar comida
y tenía mucha hambre.

2

Caminó y caminó todo el día
hasta que por fin llegó
a una casita.
Tocó a la puerta
y le abrió una viejita.

— Tengo mucha hambre
— dijo el joven —.
¿ Me puede dar
algo de comer ?

— No tengo nada
que darle de comer
— dijo la viejita.

El joven sacó una piedra
del bolsillo.
— Ésta es una piedra
para sopa — dijo —.
Por favor, déjeme entrar
y le mostraré
cómo hacer sopa
con esta piedra.

6

— Nunca he oído
semejante cosa
— dijo la viejita —.
Está bien, entre.
Voy a traer una olla.

— Llene la olla con agua
— dijo el joven —
y póngala al fuego.

7

Al poco rato el agua estaba hirviendo.
El joven metió
la piedra para sopa en la olla.
El joven revolvió
y revolvió la sopa,
y mientras revolvía
tarareó una cancioncita.

— ¿ Ya está la sopa ?
— preguntó la viejita.

— ¡ Todavía no !
— dijo el joven —.
Esta sopa es deliciosa,
pero con un par de cebollas
quedará más sabrosa.

— Traeré unas cebollas
de la alacena
— dijo la viejita.

La viejita echó las cebollas
a la olla junto con la piedra para sopa.
El joven revolvió
y revolvió la sopa,
y mientras revolvía
tarareó una cancioncita.

— ¿ Ya está la sopa ?
— preguntó la viejita.

— ¡ Todavía no !
— dijo el joven —.
Esta sopa es deliciosa,
pero con un par de zanahorias
quedará más sabrosa.

— Traeré unas zanahorias de la huerta
— dijo la viejita.

La viejita echó las zanahorias
a la olla junto con las cebollas
y la piedra para sopa.
El joven revolvió
y revolvió la sopa,
y mientras revolvía
tarareó una cancioncita.

— ¿ Ya está la sopa ?
— preguntó la viejita.

— ¡ Todavía no !
— dijo el joven —.
Esta sopa es deliciosa,
pero con un pollo
quedará más sabrosa.

— ¡ Yo tengo un pollo !
¡ Iré a traerlo !
— dijo la viejita.

13

14

La viejita echó el pollo
a la olla junto con las zanahorias,
las cebollas
y la piedra para sopa.
El joven revolvió
y revolvió la sopa,
y mientras revolvía
tarareó una cancioncita.

— ¿ Ya está la sopa ?
— preguntó la viejita.

— Huele bien y sabe rico
— dijo el joven lamiéndose los labios —.
La sopa ya está lista.

La viejita fue a sacar
dos tazones.

El joven sacó la piedra
de la olla.
Después sirvió la sopa
en los dos tazones.

16

— ¡Qué sopa tan rica!
— dijo la viejita —.
Ojalá tuviera una piedra
para hacer sopa.

— Pues mire usted — dijo el joven —.
Cómo ha sido tan amable conmigo
y ya no tengo hambre,
le regalaré esta piedra para sopa.

Y el joven
siguió su camino
tarareando su cancioncita.

Entonces recogió otra piedra
y se la metió al bolsillo
sonriendo para sus adentros.

Obra de teatro

Sopa
de piedra

Personajes

 Narrador

 Joven

 Viejita

Narrador

Érase una vez
un joven muy pobre.
Caminó y caminó todo el día
hasta que por fin llegó
a una casita.

Joven

Tengo mucha hambre.
De pronto me dan
algo de comer aquí.

Narrador

El joven tocó a la puerta
y le abrió una viejita.

Viejita

¿ Qué quiere ?

Joven

He caminado todo el día
y tengo mucha hambre.
¿ Me puede dar
algo de comer ?

Viejita

No tengo nada
que **darle** de comer.

Joven

¡ Mire ! Tengo una piedra para sopa.
Por favor, déjeme entrar
y le mostraré
cómo hacer sopa
con esta piedra.

Viejita

Nunca he oído
semejante cosa.
Está bien, entre.
Voy a traer una olla.

Joven

Llene la olla con agua
y póngala al fuego.

Narrador

La viejita llenó la olla
con agua
y la puso al fuego.
Al poco rato el agua estaba hirviendo.

Joven

Ya puedo meter la piedra para sopa
en la olla.

Narrador

El joven revolvió y revolvió la sopa,
y mientras revolvía
tarareó una cancioncita.

Viejita

¿ Ya está la sopa ?

Joven

¡ Todavía no !
Esta sopa es deliciosa,
pero con un par de cebollas
quedará más sabrosa.

Viejita

Traeré unas cebollas
de la alacena.

Narrador

La viejita se fue corriendo
a traer unas cebollas
de la alacena
y el joven sonrió
para sus adentros.

Viejita

Aquí están las cebollas.

Joven

Échelas en la olla
junto con la piedra para sopa.
Yo seguiré revolviendo la sopa.

Narrador

El joven revolvió y revolvió la sopa,
y mientras revolvía
tarareó una cancioncita.

Viejita

¿ Ya está la sopa ?

Joven

¡ Todavía no !
Esta sopa es deliciosa,
pero con un par de zanahorias
quedará más sabrosa.

Viejita

Traeré unas zanahorias
de la huerta.

Narrador

La viejita salió corriendo
a traer unas zanahorias
de la huerta
y el joven sonrió
para sus adentros.

Viejita

Aquí están las zanahorias.

Joven

Échelas a la olla
junto con las cebollas
y la piedra para sopa.
Yo seguiré revolviendo la sopa.

Narrador

El joven revolvió y revolvió la sopa,
y mientras revolvía
tarareó una cancioncita.

Viejita

¿ Ya está la sopa ?

Joven

¡ Todavía no !
Esta sopa es deliciosa,
pero con un pollo
quedará más sabrosa.

Viejita

¡ Yo tengo un pollo !
¡ Iré a traerlo !

Narrador

La viejita corrió
a buscar el pollo
y el joven sonrió
para sus adentros.

Viejita

Aquí está el pollo.

Joven

Échelo a la olla junto
con las zanahorias,
las cebollas
y la piedra para sopa.
Yo seguiré revolviendo.

Narrador

El joven revolvió y revolvió la sopa,
y mientras revolvía
tarareó una cancioncita.

Viejita

¿ Ya está la sopa ?

Joven

Huele bien y sabe rico.
La sopa ya está lista.

Narrador

La viejita fue a sacar
dos tazones.
El joven sacó la piedra
de la olla.
Después sirvió la sopa
en los dos tazones.

Viejita

¡ Qué sopa tan rica !
Ojalá tuviera una piedra
para hacer sopa.

Joven

Pues mire usted.
Cómo ha sido tan amable conmigo
y ya no tengo hambre,
le regalaré esta piedra para sopa.

Narrador

Y el joven
siguió su camino
tarareando su cancioncita.
Entonces recogió otra piedra
y se la metió al bolsillo
sonriendo para sus adentros.